AF232116

EXPOSITION

DE 1767

—

XXIV

COLLECTION

DES

LIVRETS

DES

ANCIENNES EXPOSITIONS

DEPUIS 1673 JUSQU'EN 1800

EXPOSITION DE 1767

PARIS

LIEPMANNSSOHN ET DUFOUR

ÉDITEURS

11, rue des Saints-Pères

—

FÉVRIER 1870

BIBLIOTHÈQUE NATIONALE IMPRIMÉS

NOMBRE DU TIRAGE

DU LIVRET DE 1767.

375 exemplaires sur papier vergé.
25 — sur papier de Hollande.
10 — sur chine.

Nᵒ

Ce livret est vendu seul 2 fr. 5o.

NOTICE BIBLIOGRAPHIQUE.

LIVRET :

UNE seule édition : 46 pages, 243 Nᵒˢ et 2 p. d'Arrêt et de privilége. Nous ne pouvons considérer comme d'une édition différente de celle que nous publions, certains exemplaires où manque, à la suite du nᵒ 48, la mention : *appartenant à M. l'Archevêque de Toulouse*, qui se rencontre sur d'autres.

CRITIQUES.

Le *Mercure de France*, numéro d'octobre.

DIDEROT. Salon de 1767 (Ed. Brière). Ce Salon, le plus étendu de ceux de Diderot, remplit le T. IX tout entier et le commencement du T. X de cette édition.

BACHAUMONT : Trois lettres publiées dans ses *Mémoires Secrets*. T. XIII (ed. de 1780 in-12) p. 1-34. Ce Salon et ceux qui furent publiés les années suivantes dans les *Mémoires Secrets* furent réunis en un volume sous ce titre :

Lettres sur les Peintures, Sculptures et Gravures de

Meſſieurs de l'Académie exposées au Salon du Louvre depuis 1767 jusqu'en 1779, commencées par feu M. de Bachaumont, auteur des Mémoires secrets pour l'histoire de la république des lettres, etc., et depuis sa mort continués par un homme de lettres très-célèbre. Londres, Adamson, 1780, in-12, 332 p.

Année Littéraire, 1767, T. VI, p. 73-114.

MATHON DE LA COUR : Lettres sur les peintures, les sculptures et les gravures exposées au Salon du Louvre en 1767. In-12. 30 p. Pas de titre et seulement cette épigraphe :

> La flatterie et la satyre sont des poisons
> La critique est un remède.

EXPLICATION

DES PEINTURES,

SCULPTURES

ET GRAVURES,

DE MESSIEURS

DE L'ACADÉMIE ROYALE,

Dont l'Expofition a été ordonnée, fuivant l'intention de SA MAJESTÉ, par M. le Marquis DE MARIGNY, Confeiller du Roi en fes Confeils, Commandeur de fes Ordres, Lieutenant Général des Provinces de Beauce et d'Orléanois, Directeur & Ordonnateur général des Bâtimens de SA MAJESTÉ, Jardins, Arts, Académies & Manufactures Royales.

A PARIS,

De l'Imprimerie de HERISSANT Pere, Imprimeur du ROI, des Cabinet, Maifon & Bâtimens de SA MAJESTÉ, & de l'Académie Royale de Peinture, &c.

M. DCC. LXVII.

AVEC PRIVILÉGE DU ROY.

AVERTISSEMENT.

Il feroit à fouhaiter que l'ordre établi dans ce petit Livre, fût conforme à l'arrangement des Tableaux dans le Salon du Louvre. Mais comme on ne pourroit alors le commencer qu'après que tous les Ouvrages y auroient été placés, il s'enfuivroit un inconvénient plus confidérable encore; le Public ne jouiroit de ce Livret que long-temps après l'ouverture du Salon. On a donc penfé qu'il étoit plus à propos de mettre à chaque

Morceau un Numero répondant à celui qui eſt dans ce Livre, & qu'il ſera aiſé d'y trouver.

Pour faciliter cette recherche, on a cru devoir interrompre l'ordre des grades de Meſſieurs de l'Académie, & ranger ces Ouvrages sous les diviſions générales de Peintures, Sculptures & Gravures. Lorſque le Lecteur voudra trouver le Numero marqué ſur un Tableau, il verra au haut des pages de ce Livret le mot Peintures, & il ne cherchera que dans cette partie; & ainſi des autres.

EXPLICATION

des

PEINTURES,

SCULPTURES

& autres Ouvrages de Meſſieurs de l'Académie Royale, qui ſont expoſés dans le Salon du Louvre.

PEINTURES.

OFFICIERS.

ANCIENS RECTEURS.

Par M. *Vanloo*, Ecuyer, Chevalier de l'Ordre du Roi, premier Peintre du Roi d'Eſpagne, Directeur de l'Ecole Royale des Elèves protégés, ancien Recteur.

Nº 1. Deux Tableaux ovales repréſentant la Peinture & la Sculpture.

De 3 pieds 8 pouces de large, ſur 3 pieds 1 pouce de haut.

2. Le Portrait de M. le Cardinal de Choiſeul.

3. Le Portrait de M. l'Abbé de Breteüil.

4. Le Portrait de la Princeſſe de Chimay.

5. Le Portrait de M. le Chevalier de Fitz-James ſon frère.

6. Le Portrait de Mlle de Langeac.

7. Le Portrait de M. le Comte ſon frère.

8. Le Portrait de M. Diderot.

9. Le Portrait de Madame Vernet.

10. Le Portrait de M. Cochin.

11. Petit jeune homme en pied, habillé à l'ancienne mode d'Angleterre.

Tableau de 4 pieds 7 pouces de haut, ſur 2 pieds 3 pouces de large.

12. Pluſieurs Portraits ſous le même N°.

PROFESSEURS.

Par M. *Hallé*, Profeſſeur.

13. Un Tableau allégorique au ſujet de la Paix dernière.

Minerve annonce la Paix à la Ville de Paris, & conduit elle-même cette Déeſſe, qui, tenant une corne d'abondance, en fait ſortir des fleurs, qui ſe répandent ſur les Génies des Sciences & des Arts, & ſur leurs attributs.

Ce Tableau doit être placé dans la Grande-Salle de l'Hôtel de Ville. Il a 14 pieds de large ſur 10 pieds de haut.

14. Scilurus, Roi des Scythes, fe voyant près de mourir, fait affembler fes enfans, (l'Hiftoire lui donne
80 enfans mâles); ordonne au plus jeune de pren-
dre une flèche, & de la rompre; ce qu'il fit fans
peine. Il commande enfuite aux aînés d'en raffem-
bler plufieurs, d'en former un faifceau, & d'effa-
yer de le rompre. Tous leurs efforts furent vains.
Telle eft la force de l'union, dit ce Père à fes fils :
Vivez amis, vous ferez invincibles.

Ce Tableau de 9 pieds 2 pouces de haut, fur 4
pieds 8 pouces de large, appartient à S. M. le Roi
de Pologne.

Par M. *Vien*, Profeffeur.

15. S. Denis prêchant la Foi en France.

Tableau ceintré, de 21 pieds 3 pouces de hauteur, fur 12 pieds 4 pouces de largeur. Il eft deftiné à décorer une des Chapelles latérales de
l'Eglife de S. Roch.

16. Céfar debarquant à Cadix, trouve dans le Temple
d'Hercule la Statue d'Alexandre, & gémit d'être
inconnu à l'âge où ce Héros étoit déjà couvert de
gloire.

Ce Tableau ceintré, de 8 pieds 9 pouces de haut,
fur 4 pieds 9 pouces de large, appartient à S. M.
le Roi de Pologne.

17. S. Grégoire, Pape.

Ce Tableau d'environ 9 pieds de haut, fur 5
pieds de large, doit être placé dans la Sacriftie de
l'Eglife de S. Louis à Verfailles.

18. Plufieurs Tableaux fous le même Nº.

Par M. *La Grenée*, Profeſſeur.

19. Monſeigneur le Dauphin mourant, environné de ſa famille. Monſeigneur le Duc de Bourgogne lui préſente la Couronne de l'immortalité.

    Tableau de 4 pieds de haut, ſur 3 de large.

    Ce morceau, commandé par M. le Duc de la Vauguyon, étoit fini avant la mort de Madame la Dauphine. On lit ſur ſon viſage la perte que la France alloit faire de cette auguſte Princeſſe, honorable victime de l'amour conjugal.

20. Jupiter & Junon ſur le Mont Ida, endormis par Morphée. Sujet tiré de l'Iliade.

    Tableau ceintré, de 3 pieds 9 pouces de haut, ſur 3 pieds de large, deſtiné pour la Chambre à coucher du Roi à Belle-Vue.

21. La tête de Pompée préſentée à Céſar.

    Tableau ceintré, de 9 pieds 3 pouces de haut, ſur 4 pieds 11 pouces de large, appartenant à S. M. le Roi de Pologne.

    Quatre Tableaux de même grandeur, repréſentant les quatre Etats :

22. Le Clergé, par la Religion & la Vérité.

23. L'Epée, par Bellone, préſentant à Mars les rênes de ſes Chevaux.

24. La Magiſtrature, par la Juſtice, que l'Innocence déſarme; la Prudence l'en félicite.

25. Le Tiers-Etat, par l'Agriculture & le Commerce qui amènent l'abondance.

    Ces Tableaux ont environ 4 pieds, ſur 2 pieds & demi.

26. Mercure, Herſé, & Aglaure jalouſe de ſa Sœur.

Tableau de 2 pieds 2 pouces de large, fur 1 pied 9 pouces de haut.

27. Renaud & Armide.

28. Perfée après avoir délivré Andromède.

29. Retour d'Ulyffe & de Télémaque auprès de Pénélope.

Ces trois Tableaux, de même grandeur, ont 2 pieds 3 pouces de large, fur 1 pied 10 pouces de haut.

30. Une Baigneufe.

Tableau de 16 pouces fur 13 pouces.

31. L'Amour Remouleur.

Tableau de 14 pouces fur 11 pouces.

32. La Chafte Sufanne.

33. Le Chafte Jofeph.

Tableau de 13 pouces fur 9.

34. La Poëfie.

35. La Philofophie.

Tableaux de 6 pouces fur 5.

Par M. *Belle*, Profeffeur.

36. L'Archange Michel vainqueur des Anges rebelles.

Ce Tableau a 9 pieds de haut, fur 6 pieds de large, & eft deftiné pour une Eglife de Soiffons.

ADJOINTS A PROFESSEUR.

Par M. *Bachelier*, Adjoint à Profeffeur.

37. Pfiché enlevée du rocher par les Zéphirs.

Tableau de 4 pieds fur 3.

CONSEILLERS.

Par M. *Chardin*, Conseiller & Tréforier
de l'Académie.

38. Deux Tableaux fous le même numéro, repréfentant divers Inftrumens de Mufique.

Ces Tableaux ceintrés, d'environ 4 pieds 6
pouces de large, fur 3 pieds de haut, font au
Roi, & deftinés pour les Appartemens de Belle-
Vue.

Par M. *Vernet*, Conseiller.

39. Plufieurs Tableaux fous le même numéro.

ACADEMICIENS.

Par M. *Milet Francifque*, Académicien.

40. Deux Tableaux de Payfages fous le même numéro;
l'un, une Fuite en Egypte; l'autre, les Difciples
allant à Emmaüs.

De 2 pieds de large, fur 1 pied 6 pouces de
haut.

41. Plufieurs Tableaux de Payfages fous le même
numéro.

Par M. *Lundberg*, Académicien, premier
Peintre de S. M. le Roi de Suede.

42. Le Portrait de M. le Baron de Breteüil.

Tableau peint en Paſtel, de 2 pieds 6 pouces de haut, ſur 2 pieds de large.

Par M. *le Bel*, Académicien.

43. Pluſieurs Tableaux de Payſages ſous le même numéro.

Par M. *Venevault*, Académicien.

44. Un Tableau en Miniature commandé par l'Académie des Sciences, Arts & Belles-Lettres de Dijon, appartenant à S. A. S. Monſeigneur le Prince de Condé.

Au centre du Tableau, & dans un plan un peu reculé, s'élève une Pyramide, dont le Piédeſtal eſt chargé de Trophées d'armes. Sur une des faces de cette Pyramide, on lit cette inſcription : *Bataille de Friedberg*. Minerve, aſſiſe porte ſur ſon Bouclier le Buſte du Prince de Condé, en Médaillon, ciſeié en or. Près d'elle ſont deux Génics, dont l'un montre du doigt la Deviſe de l'Académie, gravée ſur une table d'airain, & l'autre préſente pluſieurs Couronnes à la Déeſſe, pour les diſtribuer à ſon choix.

D'un côté, on découvre dans l'éloignement une Campagne fertiliſée; de l'autre, ſur une Montagne eſcarpée, le Temple de la Gloire, vers lequel pluſieurs Savans s'approchent par des chemins difficiles.

XXIV. 2*

Par M. *Perroneau*, Académicien.

45. Plufieurs Portraits fous le même numéro.

Par M. *Roflin*, Académicien.

46. Le Portrait de Madame la Marquife de ***, avec un déshabillé du matin.

Tableau de 4 pieds 6 pouces fur 3 pieds 6 pouces. La figure eft de proportion de demi-nature.

47. Plufieurs Portraits fous le même numéro.

Par M. *Valade*, Académicien.

48. Tableau allégorique en l'honneur de M. le Maréchal de Belle-Ifle : Minerve & la Victoire foutiennent fon Portrait, & la Renommée va publier fa gloire & fes vertus.

De 6 pieds fur 4, appartenant à M. l'Archevêque de Touloufe.

49. M. & Mme ***, faifant de la Mufique.

Tableau de 7 pieds fur 4.

5o. Etudes en Paftel des deux Portraits du numéro précédent.

Tableaux ovales de 3 pieds, fur 2 pieds 3 pouces.

51. Madame de ***.

52. M. de Ravanne, Grand-Maître des Eaux & Forêts d'Orléans.

Tableaux ovales en Paftel.

53. M. Chauffar, Architecte.

Tableau de 2 pieds 9 pouces de haut, fur 2 pieds 3 pouces de large.

Par Mme *Vien*, Académicienne.

54. Une Poule hupée veillant fur fes petits.
55. Un Coq-Faifan, doré, de la Chine.

Ce Tableau appartient à l'Impératrice de Ruffie.

56. Trois petits Tableaux fous le même numéro. Le premier repréfente des Serins, dont l'un fort de fa Cage pour attraper un Papillon; & les deux autres Tableaux font des Fleurs.

Ces Ouvrages font peints en Miniature.

Par M. *Machy*, Académicien.

57. Le Périftile du Louvre & la Démolition de l'Hôtel de Rouillé.

Tableau de 4 pieds de large, fur 2 pieds 9 pouces de haut.

58. Plufieurs Tableaux d'Architecture, Ruines & autres, fous le même numéro. Un d'eux repréfente le Veftibule nouveau du Palais Royal; & un autre la Démolition de l'ancien.

59. Le Portail de S. Euftache, & une partie de la nouvelle Halle.

Tableaux peints à gouaffe.

60. L'intérieur de la nouvelle Eglife de la Magdeleine de la Ville-l'Evêque.

Deffin de 2 pieds de large, fur 1 pied 9 pouces de haut.

Par M. *Drouais fils*, Académicien.

61. Le Portrait de Madame la Comteſſe de Brionne.
62. Pluſieurs Portraits ſous le même numéro.

Par M. *Julliart*, Académicien.

63. Trois Tableaux de Payſages ſous le même numéro.

Par M. *Voiriot*, Académicien.

64. M. l'Abbé de Pontigny.
65. Un Tableau de Famille.

De 7 pieds de haut, ſur 5 pieds 6 pouces de large.

66. Pluſieurs Portraits ſous le même numéro.

Par M. *Doyen*, Académicien.

67. Le Miracle des Ardens.

L'an 1129, ſous le règne de Louis VI, un feu du Ciel tomba ſur la Ville de Paris, & dévorant les entrailles de preſque tous les Habitans, leur faiſoit éprouver la mort la plus cruelle; par l'interceſſion de ſainte Geneviéve, ce fléau ceſſa tout à coup.

Ce Tableau, de 22 pieds de haut, ſur 12 pieds de large, eſt pour la Chapelle de ſainte Geneviéve des Ardens à S. Roch.

Par M. *Casanova*, Académicien.

68. Un Tableau repréſentant un Eſpagnol, vêtu à l'ancienne mode.

Appartenant à M. Rueffier.

69. Une petite bataille & fon pendant.

70. Deux Tableaux de Payfages avec figures.

De 3 pieds & demi de large, fur 3 pieds & demi de haut. Ils appartiennent à M. de la Ferté, Intendant des Menus Plaifirs.

71. Deux petits Tableaux, dont l'un repréfente un Maréchal, & l'autre un Cabaret.

72. Un petit Tableau repréfentant un Cavalier qui rajufte fa Botte.

Par M. *Baudouin*, Académicien.

73. Le Coucher de la Mariée.

74. Le fentiment de l'Amour & de la Nature, cédant pour un temps à la néceffité.

Tableaux peints à gouaffe.

75. Huit petits Tableaux en miniature, repréfentant une fuite de la Vie de la fainte Vierge.

76. Le premier Feuillet du Volume des Epîtres & Evangiles, commandé pour le Service de la Chapelle du Roi, par M. de Fontanieu, Confeiller d'Etat, Intendant Général des meubles de la Couronne.

77. Plufieurs Portraits & autres Sujets peints à gouaffe & en miniature, fous le même numéro.

Par M. *Roland de la Porte*, Académicien.

78. Un Crucifix de Bronze, fur un fond de velours bleu imitant le relief.

Tableau de 2 pieds de haut, fur 1 pied 4 pouces de large.

79. Deux petits Tableaux de Fruits.

80. Deux Portraits d'homme & de femme.

Tableaux de forme ovale', de 2 pieds 6 pouces de haut, fur 2 pieds de large.

81. Plufieurs Tableaux, fous le même numéro.

Par M. *Bellengé*, Académicien.

82. Un Tableau de Fruits & de Fleurs.

Ce Tableau, de 11 pieds 6 pouces de hauteur, fur 5 pieds 4 pouces de largeur, appartient à M. de Monville.

83. Autre Tableau, de Vafes & de Fruits.

De 2 pieds de haut, fur 2 pieds 7 pouces de large.

84. Plufieurs Tableaux de Fleurs & de Fruits, fous le même numéro.

Par M. *Le Prince*, Académicien.

85. Une jeune Fille orne de fleurs fon Berger, pour prix de fes Chanfons.

86. On ne peut pas penfer à tout.

Tableaux de 11 pieds de haut, fur 7 pieds 4 pouces de large.

87. La Bonne-Aventure.

Il y a en Ruffie plufieurs hordes de Sorciers, qui vivent, comme ailleurs, de la crédulité des gens fimples. Ils errent fans ceffe, & font profeffion de prédire ce que l'on veut favoir. Ils campent prefque toujours dans les Bois; & l'on va les trouver pour acheter la connoiffance de l'avenir.

Ce Tableau, de 11 pieds de haut, fur 11 pieds de large, eft deftiné, ainfi que les deux précédens, pour être exécuté en Tapifferie à la Manufacture de Beauvais. L'Auteur s'eft cru obligé, tant pour les effets que pour la touche, de fe prêter au genre & à la poffibilité de l'exécution de ces fortes d'Ouvrages, qui, faits uniquement pour amufer les yeux dans les Appartemens, femblent exiger par-tout de la clarté & des richeffes de détail.

88. Le Berceau, ou le réveil des petits Enfans.

Tableau ovale de 2 pieds 3 pouces de haut, fur 1 pied 9 pouces de large.

89. L'Oifeau retrouvé.

90. Le Muficien champêtre.

Tableaux de même grandeur, 2 pieds de haut, fur 1 pied 2 pouces de large.

91. Une Fille charge une Vieille de remettre une Lettre.

92. Un jeune Homme qui récompenfe le zèle de la Vieille, en lui donnant une pièce d'or.

Petits ovales, faifant pendans.

93. Une jeune Fille endormie, furprife par fon Père & fa Mère.

94. La Bonne-Aventure.

95. Le Concert.

Tableaux de même grandeur, de 2 pieds 2 pouces de haut, fur 1 pied 10 pouces de large.

96. Le Cabak, efpèce de Guinguette aux environs de Mofcow.

Tableau de 4 pieds 6 pouces de large, fur 3 pieds de haut.

97. Le Portrait de Mademoiſelle M. *** quittant les amuſements de l'Enfance, pour ſe livrer à l'étude des Sciences.

98. Le Portrait d'une Dame brodant au tambour.

99. Le Portrait d'une Demoiſelle venant de recevoir une Lettre & un Bouquet.

Tous ces Tableaux, à l'exception des Portraits, font dans les mœurs & coſtumes des différens Peuples de la Ruſſie & de l'Aſie.

———

Par M. *Guerin*, Académicien.

100. Pluſieurs petits Tableaux, peints à l'huile, en miniature, dont pluſieurs d'après l'Ecole d'Italie, fous le même numéro.

———

Par M. *Robert*, Académicien.

101. Le Port de Rome, orné de différens Monumens d'Architecture antique & moderne.

Ce Tableau, de 4 pieds 7 pouces, fur 3 pieds 2 pouces, eſt le morceau de réception de l'Auteur.

102. Ruines d'un Arc de triomphe, & autres Monumens.

Ce Tableau, ceintré, de 4 pieds 2 pouces de haut, fur 4 pieds 3 pouces de large, doit être placé dans les Appartements de Belle-Vûe.

103. Grand Payfage dans le goût des Campagnes d'Italie.

De 8 pieds 9 pouces de large, fur 7 pieds 7 pouces de haut.

104. Cuifine Italienne.

Tableau de 2 pieds 1 pouce de large, fur 15 pouces de haut.

105. Ecurie & Magafin à foin, peints d'après nature, à Rome.

Tableau de 2 pieds 2 pouces de haut, fur 1 pied 3 pouces de large.

106. Grande Gallerie antique, éclairée du fond.

107. La Cour du Palais Romain, qu'on inonde dans les grandes chaleurs, pour donner de la fraîcheur aux Galleries qui l'environnent.

Ces deux Tableaux, de même grandeur, ont 4 pieds 3 pouces de large, fur 3 pieds 1 pouce de haut.

108. Grand Efcalier qui conduit à un ancien Portique.

Tableau de 4 pieds de haut, fur 2 pieds 9 pouces de large.

109. Intérieur d'une Gallerie ruinée.

Petit ovale.

110. Deux Tableaux de même grandeur : l'un repré-fente une Cafcade tombant entre deux Terraffes, au milieu d'une Colonnade; l'autre, une Vue de la Vigne-*Madame*, à Rome.

111. Deux autres Tableaux; l'un, un Pont, fous lequel on voit les Campagnes de Sabine, à 40 lieues de Rome; l'autre, les Ruines du fameux Portique du Temple de Balbec, à Héliopolis.

Ces quatre Tableaux ont environ 1 pied 10 pouces de large, fur 1 pied 5 pouces de haut.

112. Plufieurs petites Efquiffes, & plufieurs Deffins, coloriés d'après nature, à Rome.

Par Mme *Terbouche*, Académicienne, Peintre du Roi de Pruſſe, & de S. A. E. l'Electeur Palatin, & de l'Académie de Boulogne.

113. Un Homme tenant un verre de vin, éclairé d'une bougie.

Ce Tableau, de 3 pieds 6 pouces de haut, ſur 3 pieds de large, eſt ſon morceau de réception à l'Académie.

114. La Tête d'un Poëte.

115. Pluſieurs Portraits, ſous le même numéro.

AGRÉÉS.

Par M. *Parocel*, Agréé.

116. Jeſus-Chriſt ſur la montagne des Oliviers.

Tableau de 16 pieds de haut, ſur 7 pieds de large.

117. Eſquiſſe.

Par M. *Brenet*, Agréé.

118. Jeſus-Chriſt & la Samaritaine.

Tableau de 12 pieds 6 pouces de hauteur, ſur 9 pieds 3 pouces de largeur.

119. Jeſus-Chriſt ſur la montagne des Oliviers.

Tableau de 12 pieds 3 pouces de haut, ſur 7 pieds 10 pouces de large.

Par M. *Loutherbourg*, Agréé.

120. Un Tableau repréſentant des Animaux.

De 6 pieds de largeur, ſur 3 pieds 4 pouces de hauteur.

Trois Tableaux de même grandeur.

121. Une Bataille.

122. Un Payſage, avec Figures & Animaux.

L'heure du jour eſt le midi.

123. Une Tempête.

De 4 pieds de largeur, ſur 3 pieds de hauteur.

124. Six Tableaux de même grandeur, ſous le même numéro.

Un Combat ſur terre.

Un Combat ſur mer.

Une Tempête.

Un Calme.

Le Midi.

Le Soir.

Ces Tableaux, de 2 pieds 6 pouces de largeur, ſur 1 pied 10 pouces de hauteur, ſont tirés du Cabinet de M. le Comte de Kreutz.

125. Une Marée montante.

Tableau de 2 pieds 5 pouces de large, ſur 1 pied 11 pouces de haut, du Cabinet de M. Werne.

126. Deux Tableaux repréſentant des Animaux paſſant dans une Barque, & deſcendant d'une montagne.

De 2 pieds 4 pouces de large, ſur 1 pied 10 pouces de haut.

127. Autre Tableau de Payſages, avec des Animaux.

Du Cabinet de M. Boiſſet.

128. Autre Tableau, d'une Caſcade.

C'eſt une matinée d'Automne : du Cabinet de M. Bergeret.

129. Six Deſſins ſur papier brun, ſous le même numéro.

130. Autres Deſſins ſur différens papiers, ſous le même numéro.

Par M. *Deſhays*, Agréé.

131. Pluſieurs Portraits, ſous le même numéro.

Par M. *Lepicié*, Agréé.

132. Jeſus-Chriſt ordonne à ſes Diſciples de laiſſer approcher des enfans qu'on lui préſente.

Tableau ceintré, de 7 pieds 9 pouces de haut, ſur 7 pieds 6 pouces de large.

133. La Converſion de S. Paul.

Tableau de 2 pieds & demi de large, ſur 3 pieds 3 pouces de haut.

134. Un Tableau de Famille.

De 4 pieds 6 pouces de large, ſur 4 pieds 3 pouces de haut.

Par M. *Amand*, Agréé.

135. Soliman II. fait deshabiller en ſa préſence des Eſclaves Européennes.

Tableau de 2 pieds 6 pouces de large, ſur 2 pieds de haut.

136. Pluſieurs Deſſins ſous le même Nº.

Par M. *Fragonard*, Agréé.

137. Tableau ovale, repréſentant des grouppes d'Enfans dans le Ciel.

Tiré du Cabinet de M. Bergeret.

138. Une Tête de Vieillard.

Tableau de forme ronde.

139. Pluſieurs Deſſins, ſous le même N°.

Par M. *Monnet*, Agréé.

140. Un Chriſt expirant ſur la Croix.

Tableau de 6 pieds 6 pouces de haut, ſur 4 pieds 6 pouces de large, deſtiné pour la Cathédrale de Metz.

141. Une Madeleine en méditation.

Tableau ovale.

142. Une Hermite liſant.

Petit Tableau.

143. Pluſieurs Deſſins & Eſquiſſes, ſous le même numéro.

Par M. *Taraval*, Agréé.

144. Repas de Tantale.

Tantale, pour éprouver la divinité de Jupiter, Mercure, Cérès, & d'autres Dieux qu'il avoit invités à ſa table, tua Pélops ſon fils, & le leur fit ſervir. On a ſaiſi l'inſtant où Jupiter, s'en apercevant, redonne la vie à Pélops, le rend à ſa mère, & condamne Tantale aux Enfers.

Ce Tableau, de 4 pieds de large, ſur 3 pieds 9 pouces de haut, eſt deſtiné pour Belle-Vue.

145. Vénus & Adonis.

Tableau de forme ovale, appartenant à M. le Comte de Kreutz.

146. Une jeune Fille agaçant fon Chien devant un miroir.

Tableau de forme ronde.

147. Une tête de Bacchante.

148. Hercule, enfant, étouffant des Serpens dans fon berceau. (*Efquiffe*.)

Par M. *Reftout le fils*, Agréé.

149. Les Plaifirs d'Anacréon.

L'Auteur l'a repréfenté tenant fa Coupe d'une main & fa Maîtreffe de l'autre, & au milieu de tous les acceffoirs qui le caractérifent.

Tableau de 7 pieds 10 pouces de large, fur 6 pieds 2 pouces de haut.

15o. Le Philofophe Diogène vivoit d'aümônes; & pour s'accoutumer aux refus qu'il éprouvoit fouvent, il s'adreffoit aux Êtres infenfibles, tels que des pierres, des ftatues, &c.

Tableau de 3 pieds 6 pouces de haut, fur 4 pieds 6 pouces de large.

151. Plufieurs Tableaux fous le même numéro.

Par M. *Jollain*, Agréé.

152. L'Amour enchaîné par les Grâces.

Tableau de 6 pieds de large, fur 4 pieds de haut.

153. Bélifaire.

Tableau de 5 pieds de large, fur 4 pieds de haut.

154. Un Hermite.

Tableau d'un pied 6 pouces de large, fur 1 pied 10 pouces de haut.

Par M. *Durameau*, Agréé.

155. Le Triomphe de la Juftice.

La Juftice traînée fur fon Char par des Licornes blanches, fymbole de la Püreté, couronne l'Innocence qui fe jette entre fes bras. La Prudence, la Concorde, la Force, la Charité & la Vigilance l'accompagnent. Elle foule aux pieds la Cruauté & l'Envie défignées par le Loup & le Serpent, & brave les efforts de la Fraude, qui, laiffant tomber l'étendard de la Rébellion, veut s'oppofer à fon paffage.

Tableau de 10 pieds 8 pouces de haut, fur 14 pieds de large. Il doit être placé dans la Chambre Criminelle du Parlement de Rouen.

156. Le martyr de faint Cyr & de fainte Julitte.

157. Saint François de Sales mourant, dans l'inftant où il reçoit l'Extrême-Onction.

Ces deux Tableaux, de 10 pieds 5 pouces de haut, fur 5 pieds de large, font pour l'Eglife des Dames de Saint-Cyr, près Verfailles.

158. Une fainte Famille.

Tableau d'un pied 11 pouces de haut, fur 2 pieds 3 pouces de large.

159. Portrait de M. Bridan, Sculpteur du Roi.

160. Deux têtes d'Enfans.

Ces trois Tableaux font tirés du Cabinet de M. Maffé, Peintre du Roi, & Garde des Tableaux de Sa Majefté.

161. Un Joueur de Baffon.

162. Une Dormeufe, tenant un Chat.

163. Une tête de Vieillard.

164. Deux Deffins à gouaffe, dont l'un repréfente une Salpêtrière; & l'autre, la Cocagne du Carnaval de Naples, de l'année 1764. En Italie, lorfqu'on a abandonné des vivres au Peuple dans une Fête, on dit qu'il y a eu *Cocagne.*

165. Autre Deffin. Chute des Anges rebelles.

166. Une Efquiffe de Bataille.

167. Plufieurs Deffins & Efquiffes, fous le même numéro.

Par M. *Ollivier*, Agréé.

168. Le Maffacre des Innocens.

Tableau de 7 pieds de haut, fur 10 pieds de large.

169. Deux Tableaux; dont l'un eft un Portrait, & l'autre repréfente une Femme favante.

170. Famille Efpagnole, jouant avec des Enfans dans un Jardin.

Ovale de 16 pouces, fur 14.

171. Plufieurs Portraits, fous le même numéro.

Par M. *Renou*, Agréé.

172. Jefus-Chrift, à l'âge de douze ans, converfant avec les Docteurs de la Loi.

Tableau de 9 pieds de hauteur, fur 6 pieds 6 pouces de largeur. Il doit être placé dans l'Eglife du Collége de Louis-le-Grand.

173. Efquiffe. Projet d'un Tableau pour feue S. M. le Roi de Pologne, Duc de Lorraine.

La Pologne & la Lorraine préfentent le Médaillon du Roi à l'Immortalité. Au pied de fon Trône eft enchaîné le Temps, dont les aîles font arrachées, & la faux brifée. Il foutient une table d'airain, fur laquelle la Vérité vient d'écrire : *Staniflas le Bienfaifant. Amor invenit, Veritas fculpfit.* Tandis que des Femmes, repréfentant les Génies des Arts, ornent de fleurs l'Autel & y jettent de l'encens en l'honneur de l'entrée du Médaillon dans le Temple, la Renommée prend fon vol pour publier fes vertus.

174. Plufieurs Etudes de Têtes, fous le même numéro.

Par M. Carefme, Agréé.

175. Le Repos.

Petit Tableau de 7 pouces de haut, fur 10 pouces de large.

176. Deux Tableaux de Figures.

177. Un Tableau d'Animaux.

Ces Tableaux ont chacun 11 pouces de haut, fur 15 pouces de large.

178. L'Amour.

Tableau d'un pied 5 pouces de haut, fur 1 pied 2 pouces de large.

179. Une Mère qui fait jouer fon Enfant.

Petit ovale.

180. Plufieurs Portraits fous le même numéro, dont l'un eſt celui d'un ancien Echevin, tenant un rameau d'olivier, à l'occaſion de la Paix de 1749.

181. Plufieurs Têtes, Etudes peintes, fous le même numéro.

182. Plufieurs Deffins coloriés & lavés, fous le même numéro.

Par M. *Beaufort*, Agréé.

183. Une Flagellation.

Tableau de 9 pieds de haut, fur 6 pieds de large.

SCULPTURES

OFFICIERS.

ADJOINTS A RECTEUR.

Par M. *Le Moine*, Adjoint à Reċteur.

184. Le Portrait de M. de Trudaine.

Buſte en marbre : Monument de reconnoiffance de la Faculté de Droit de Paris, qui doit être placé dans l'intérieur de fes nouvelles Ecoles.

185. Le Portrait de M. de Montefquieu, dont M. le Prince de Beauvau fait préfent à l'Académie de Bordeaux.

186. Le Portrait de M. Gerbier, Avocat au Parlement.

Par M. *Allegrain*, Profeſſeur.

187. Une Figure de marbre, repréſentant une Baigneuſe.

De 5 pieds 10 pouces de proportion. Ce Morceau eſt pour le Roi. On le voit chez l'Auteur, rue Mêlée, ou ſur le Boulevard, vis-à-vis le Magaſin de la Ville, le tranſport ne pouvant ſe faire au Salon.

Par M. *Vaſſé*, Profeſſeur.

188. Une Minerve, appuyée ſur ſon Bouclier, prête à donner une Couronne.

Figure de 6 pieds de proportion.

189. La Comédie.

Figure en Marbre, de 2 pieds.

190. Une Nymphe endormie.

Petite Figure en Marbre.

191. Le Portrait de feue Elizabeth, Impératrice de Ruſſie, appartenant à M. le C. de Schervaloff.

192. Le Portrait de feu M. le Comte de Caylus, appartenant à l'Académie Royale des Inſcriptions & Belles-Lettres.

Médaillons en Marbre.

Par M. *Pajou*, Profeſſeur.

193. Le Portrait de feu Monſeigneur le Dauphin.

Buſte en Marbre; appartenant à M. le Duc de la Vauguyon.

Trois Portraits.

194. Monſeigneur le Dauphin.

195. Monſeigneur le Comte de Provence.

196. Monſeigneur le Comte d'Artois.

Buſtes en Terre cuite.

197. Le Portrait de M. le Maréchal de Clermont-Tonnerre.

Buſte en Marbre.

198. Deux Portraits : les Enfans de M. le Marquis de Voyer.

199. Le Portrait de M. de Sainſcey.

200. Deux autres Portraits d'Enfans.

Buſtes en Terre cuite.

201. La Magnificence & la Sageſſe. Deux Eſquiſſes en plâtre.

Ces Figures feront exécutées en grand pour le Palais Royal.

202. Eſquiſſe d'un Tombeau.

En Terre cuite.

203. Un Deſſin de la mort de Pélopidas, Général des Thébains. Après avoir remporté la Victoire, il fut tué & porté dans ſa tente par ſes Soldats, qui eurent tant de regret de ſa perte, qu'ils vouloient ſe laiſſer mourir de faim.

ADJOINTS A PROFESSEUR.

Par M. *Caffieri*, Adjoint à Profeſſeur.

204. L'Innocence.

Figure en Marbre, de 2 pieds 4 pouces de proportion.

205. Tarpéia, Veftale.

De 2 pieds 2 pouces de proportion.

206. L'Amitié, qui pleure fur un Tombeau.

Modèle.

207. Le Portrait de M. Hallé, Peintre du Roi, & Profeffeur en fon Académie.

208. Le Portrait de M. Borie, Docteur en Médecine.

Ces quatres Morceaux font en Terre cuite.

AGRÉÉS.

Par M. *Berruer*, Agréé.

209. L'Annonciation, en bas-relief. Aux deux côtés
font la Foi & l'Humilité. Modèle en plâtre.

Ce Morceau doit être exécuté du double de fa
grandeur, pour être placé dans l'Eglife Cathédrale
de Chartres.

210. Hébé.

Modèle en Terre cuite. Cette Figure eft exécutée
en Marbre.

211. Un Bufte.

En Terre cuite.

Par M. *Gois*, Agréé.

212. Ariftée, défefpéré de la perte de fes Abeilles.
Sujet tiré des Géorgiques de Virgile.

Modèle en Plâtre.

213. La Douleur.
      Bufte en Marbre.
214. Un Portrait.
      En Terre cuite.
215. Plufieurs Deffins lavés.

Par M. *Mouchy*, Agréé.

216. Le repos d'un Berger.
217. Deux Enfans, pour une Chapelle.
218. Deux Médaillons, fous le même N°.

GRAVURES.

OFFICIERS.

Par M. *Cochin*, Chevalier de l'Ordre du Roi,
Secrétaire de l'Académie.

219. Plufieurs Deffins allégoriques fur les Règnes des
Rois de France. Ils font deftinés à être gravés pour
l'ornement de la nouvelle édition de l'Abrégé
chronologique de l'Hiftoire de France par M. le
Préfident Hénault.
220. Un Deffin repréfentant l'Ecole du Modèle, dans
l'inftant où les jeunes Gens concourent au Prix
d'Expreffion fondé par feu M. le Comte de
Caylus.

ACADÉMICIENS.

Par M. *Le Bas*, Académicien.

221. Les deux Eſtampes de la quatriéme ſuite des Ports de France; par M. Vernet, gravées en ſociété avec M. Cochin.

Par M. *Wille*, Académicien.

222. L'Inſtruction Paternelle.
  D'après G. Therburg.
223. L'Obſervateur diſtrait.
  D'après F. Mieris.

AGRÉÉS.

Par M. *Flipart*, Agréé.

224. Le Paralytique ſervi par ſes Enfans.
225. Une jeune Fille qui pleure la mort de ſon Oiſeau.
  D'après M. Greuze.

Par M. *L'Empereur*, Agréé.

226. Le Portrait de M. Watelet.
  D'après le Deſſin de M. Cochin.
227. Le Portrait de M. de Belloy, ſujet allégorique, d'après le Tableau de M. Jollain, Peintre du Roi.
  La Ville de Calais préſente au Génie de la Poéſie

le Médaillon de M. de Belloy, pour être attaché à la Pyramide de l'Immortalité. Sur la Pyramide, on voit un Bas relief où le Roi Edouard eſt repré-ſenté condamnant à la mort Euſtache de Saint-Pierre & ſes généreux Compagnons. Au bas eſt un Enfant qui tient les clefs & les armes de la Ville, & près de lui un Chien, ſymbole de la fidé-lité de ces vaillans Citoyens. On aperçoit dans le fond le Port de Calais.

C'eſt ſous les ordres de M. le Duc de Charoſt, Gouverneur de Calais, que cette Eſtampe a été gravée.

Par M. *Moitte*, Agréé.

228. Le Portrait de M. Duhamel du Monceau, Inſpec-teur Général de la Marine, Membre de l'Acàdémie Royale des Sciences, & de la Société Royale de Londres.

Par M. *Mellini*, Agréé.

229. Un Portrait.
     D'après feu M. Aved.

Par M. *Beauvarlet*, Agréé.

230. Monſeigneur le Comte d'Artois & Madame.
     D'après M. Drouais le Fils.
231. Deux Deſſins, ſous le même numéro : l'un, Mer-cure & Aglaure, d'après la Hire ; l'autre, une Fête

de Campagne dans l'intérieur d'une Maifon, d'après Teniers.

Ces Morceaux font deftinés à être gravés.

Par M. *Aliamet*, Agréé.

232. Ancien Port de Gènes.
D'après Berghem.

Par M. *Strange*, Agréé.

233. { Abraham répudiant Agar.
{ Efther devant Affuérus.
D'après le Guerchin.

234. { Une Vierge & l'enfant Jefus.
{ Un Amour endormi.
D'après le Guide.

Par M. *Demarteau*, Agréé.

235. Allégorie fur la Vie de feu Monfeigneur le Dauphin.

On voit en haut les Armes de Monfeigneur le Dauphin, rayonnantes de gloire, & les reftes d'un voile que la Mort a déchiré. En bas, la Mort entraîne les plis tombans de ce voile, dont la Modeftie, qui eft à côté, femble vouloir encore s'envelopper. Au-deffus, à gauche, la Sageffe (fous l'emblême de Minerve), & la Juftice, dirigent l'Etude, défignée par le coq & la lampe, vers l'Hiftoire, qui écrit, appuyée fur le temps. Derrière, à droite,

font la Bonté avec le Pélican, qui s'ouvre le fein;
la tendreffe conjugale, repréfentée par l'Hymen &
l'Amour, liés de fleurs & s'embraffans : à côté
d'eux eft la Pureté, qui tient un lys. Dans le
fond eft un grouppe de Vertus chrétiennes &
morales.

236. La Juftice protège les Arts.

237. Notre Seigneur au Tombeau.

  D'après le Caravage.

238. Une Sainte Catherine.

  D'après P. de Cortonne.

  Tous ces Morceaux, imitant le crayon, font gravés d'après les Deffins de M. Cochin.

239. Un grouppe d'Enfans.

240. Une tête de Femme.

241. Deux petites Têtes.

  Imitant le Deffin à plûfieurs crayons.

242. Une Femme qui dort avec fon Enfant.

  Ces cinq Morceaux font gravés d'après
M. Boucher.

243. Une Académie du Satyre Marfias.

  D'après le Deffin de feu M. Carle Vanloo.

FIN.

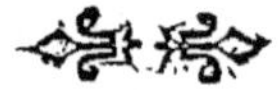

Nogent-le-Rotrou, Imprimerie de A. Gouverneur.

www.ingramcontent.com/pod-product-compliance
Lightning Source LLC
LaVergne TN
LVHW010337030726
842520LV00004B/1512